tredition®
www.tredition.de

AF667918

Der Autor

Dem Ehrgeiz der starken Mutter folgend, stand eines Tages der einfache, Eifeler Handwerkersohn vor dem schwindelerregenden Mount Everest eines Medizinstudiums und der fernen, fremden Welt der Akademiker.

Nach zwanzig Jahren als ärztlicher Direktor einer Klinik galt es, auch den Ruhestand mit Leben zu erfüllen.

Schreiben und Malen wurden ihm zu einer fordernden, fördernden, das Selbstwertgefühl stabilisierenden und den Alltag bereichernden Leidenschaft.

Antoine Sourbier

Meteoriten aus dem Jenseits

tredition®
www.tredition.de

Verlag und Druck: tredition GmbH,
Halenreihe 40-44, 22359 Hamburg

ISBN
Paperback: 978-3-7482-7554-1
e-Book: 978-3-7482-7547-3

Gewaltige Einschläge von Meteoriten
aus dem Jenseits

brechen die uralt verkrusteten,

unzeitgemäßen Strukturen

kirchlich-religiösen

Denkens und Handelns

auf.

1. Einschlag

Wenn es Gott gibt, dann doch nur einen einzigen Gott! Einen gemeinsamen Gott für alle Menschen! Alle Religionen dienen dem selben Gott!

Keine Religion, nicht die Weltreligionen und nicht die zahlreichen anderen Glaubensrichtungen wurden unmittelbar von Gott offenbart und gegründet.

Es ist umgekehrt.

Der Mensch selber hat seine Religion und deren Institution, die Kirche, geschaffen.

So, wie sich in den unterschiedlichsten Zeitepochen und Regionen dieser Welt unterschiedliche Kulturen, Sprachen, Lebensgewohnheiten, Wertvorstellungen oder hierarchische Strukturen entwickelt haben, genau so entstanden auch die verschiedenen Religionen.

In diesen nie enden wollenden Entwicklungsprozess der Religionen hat das sich ständig wandelnde politische, kulturelle und umweltbedingte Zeitgeschehen Einfluss genommen.

Der Mensch hat sich mit all seinen Fehlern und Schwächen, mit seinen guten, aber auch eigennützigen Absichten eingebracht

Jede Sprache hat für ein und den selben Begriff ihre eigene Bezeichnung. Ob Far, Baba, Padre, Pèro, Father oder Fader, gemeint ist immer das, was wir in unserer Sprache Vater nennen.

Ob Gott, ob Allah, Brahma, Shiva, Vishnu, Buddha, Xian, Jehova, Zeus, Poseidon, Jupiter, Amor, Bacchus, Mars oder Pluto, ob Odin oder Thor, Chnum, Wotan, Laotse, Shango oder Zimu, ob Chac oder Tohil, alles verschiedene Namen für den einen gemeinsamen Gott.

Die logische Schlussfolgerung kommt zu der einzigen, die Religionen betreffende Wahrheit:

Alle Religionen haben eine eigenständige Entwicklung genommen und weisen mehr oder weniger unterschiedliche Inhalte und Strukturen auf.

Aber sie dienen immer dem einen, dem selben gemeinsamen Gott.

Es ist höchste Zeit, High Noon, zu der Einsicht zu gelangen, dass die Anhänger anderer Religionen keine Heiden, Giaur, Ungläubige oder Unmenschen sind, die man hassen und verachten, die man, wenn es sein muss, auch mit Gewalt bekehren oder ausrotten sollte.

Die hässlichste Blüte dieses Wahnwitzes ist die Überzeugung, dass die Ermordung eines sogenannten Ungläubigen bei Gott Gefallen finden werde.

Ihr Könige oder Kaiser, Volksvertreter oder Ministerpräsidenten, ihr Monarchen oder Autokraten vor allem ihr Religionsführer, ihr Kirchenoberhäupter, ihr sogenannten Vertreter Gottes auf Erden, reicht euch die Hände, umarmt euch und gebt euch den längst überfälligen Bruderkuss.

Wenn ihr diese heiligste Pflicht versäumt, beladet ihr euer ewiges Gewissen mit erdrückender Schuld.

Grundsätzlich sind die in langer Tradition gewachsenen Religionen und Kirchen für die Gläubigen von Bedeutung.

Diese Institutionen haben kollektive Wertvorstellungen und Verhaltensnormen geschaffen und erwiesen sich vor allem mit ihren Klöstern als bedeutende Motoren für den kulturellen, wirtschaftlichen, wissenschaftlichen und politischen Fortschritt.

Der Glaube an Gott befriedigt ein dem Menschen ureigenes Bedürfnis. Der Glaube an Gott gehört zum Menschen, wie die Luft zum Atmen.

Regime, die den Glauben und die Kirchen verboten und verbannten, erwiesen sich stets von kurzer Lebensdauer.

Bewahrt und pflegt dieses heilige Eigentum eurer Menschen mit besten moralischen und ethischen Absichten.

Aber klärt mit all eurer Kraft die Gläubigen darüber auf, dass es nur einen Gott für alle Menschen gibt, dass alle Menschen Kinder ein und desselben, gemeinsamen Vaters sind.

Ihr Befugten, ihr allein tragt die Verantwortung dafür, dass aus religiösem Hass brüderliche Freundschaft und Liebe wird. Die gesamte Menschheit muss erkennen, dass der bisher oft anzutreffender religiöse Apartheidswahn der Vergangenheit angehört.

Nie wieder darf es so sein wie bisher.

Nie wieder darf eine Religion für sich die Überheblichkeit in Anspruch nehmen, die allein wahre zu sein. Nie wieder sollte eine Religion behaupten, nur ihr Gott oder ihre Götter seien die einzigen und einzig wahren.

Nie wieder darf es totalitäre, fundamentalistische, oft fanatisch militante, Macht und Wohlstand orientierte Intoleranz der einzelnen Religionen geben.

Diese religiöse Überheblichkeit stellt sich zu allen Zeiten bis in die Gegenwart als das größte Übel der Menschheit dar.

Die bösartigen Symptome dieses Wahnsinns sind Völkerhass bis hin zum Genozid, sind Terrorismus, Folter, Mord, Totschlag und Krieg.

Nein, dieses Schreckgespenst der Menschheit darf es nicht mehr geben.

Ihr Zustänigen habt es in der Hand.

Aus Ablehnung und Feindschaft würde Zuneigung und Freundschaft. Aus Entfremdung und Hass würde Bruderschaft und Liebe.

Verbrüderung und Liebe zwischen den unterschiedlichen Religionen wäre der Garant für Toleranz uznd Akzeptanz.

Der Anhänger Allahs hätte nichts gegen das Kreuzzeichen und der Christ nichts gegen das Kopftuch.

2. Einschlag

Wenn es Gott gibt, dann ist der Mensch absolut unfähig, Gott zu erkennen, zu verstehen oder zu beschreiben.

Das gilt natürlich auch für die Gelehrten der Theologie, für die gesamte Geistlichkeit und selbstverständlich ebenso für die Oberhäupter der jeweiligen Religionen.

In der Bibel bei 1. Mose 1: 27 ist zu lesen: „Gott ging daran, den Menschen in seinem Bilde zu schaffen, im Bilde Gottes erschuf er ihn, männlich und weiblich erschuf er ihn."

Die Umkehrung ist zutreffend.

Der Mensch schuf Gott nach seinem Bild, nach seinen unbegrenzt fantasiereichen Vorstellungen.

Allgegenwärtig, allwissend, allmächtig, ewig. Gott ist eine Person, ein Geist, ein unsichtbares Wesen mit unendlicher Intelligenz, eine alles überragende Majestät, Gott ist identisch mit dem Universum.

Unzählige Attribute, mit denen der Mensch vergeblich versucht, Gott zu beschreiben. Alles nur Vokabeln dieser Welt und damit völlig ungeeignet, Jenseitiges zu erfassen.

Von dem Jahrtausend-Genie, Albert Einstein, stammt das Zitat:

„Meine demütige Religiosität besteht in Bewunderung des unendlich überlegenen Geistes, der sich in dem offenbart, was wir mit unserer schwachen und hinfälligen Vernunft von der Wirklichkeit zu erkennen vermögen."

Isaac Newton, ein englischer Gelehrter, äußerte sich: „Die wunderbaren Einrichtungen der Sonne, der Wandelsterne, der Kometen, können nur nach dem Plan eines allwissenden und allmächtigen Wesens und nur nach dessen Weisung zustande kommen. Daraus folgt, dass Gott der wahrhaft lebende, allweise und allmächtige Gott ist, das unendlich vollkommene Wesen, welches hoch über dem Weltall steht."

Fast pantheistisch klingende Vorstellungen von einem göttlichen Sein.

Jeder hat die von Künstlern oder Laien geschaffenen Bilder oder Statuen, die Gott darstellen sollen, vor Augen.

Meistens zeigen diese Werke Gott als ein menschliches Wesen. Man scheute auch nicht davor zurück, Gott oder einen der zahlreichen Götter, in der Gestalt eines Tieres darzustellen. Mond, Sterne, Blitz und Donner und viele außergewöhnliche, meist damals nicht zu erklärende Naturerscheinungen, wurden in grauer Vorzeit als Götter verehrt.

Chaotisch, irrwitzig und nicht selten sogar gefährlich irreführend wäre der Versuch, Gottes Pläne und Ziele zu deuten und zu erkennen oder von Gott zu erwarten, einzuschreiten, zu handeln, zu helfen, zu retten oder ein Problem befreiendes Wunder zu vollbringen.

Wer sich nicht von der unsinnigen Absicht freimachen kann, Gott zu verstehen, wird irgendwann vor den deprimierenden Fragen stehen:

Wenn Gott die Liebe ist, warum lässt er zu, dass Menschen leiden und sterben, dass Menschen fürchterliche Verbrechen begehen, dass Gläubige wegen ihres Glaubens ausgegrenzt, verfolgt, gefoltert und getötet werden. Wie kann er zulassen, dass seine Geschöpfe von Hungersnöten, Seuchen oder Naturkatastrophen heimgesucht werden? Wie passt all das Elend dieser Welt mit dem Gott der Güte, der Liebe und der Gerechtigkeit zusammen?

Der Mensch sollte begreifen, dass er nicht die Befähigung besitzt, und dass er keinerlei Recht dazu hat, die Schöpfungspläne Gottes zu beurteilen, zu kritisieren oder gar zu tadeln.

Gelegentlich kann sich sogar die nicht zu beantwortende Frage aufdrängn, ob zwischen Gott und dem Menschen totale Funkstille herrscht.

Ist der aus der Evolution entstandene Mensch für Gott völlig unwichtig? Hat Gott vielleicht gar kein Interesse an dem winzigen Sandkörnchen Erde im unendlichen Universum, einschließlich allem, was da kreucht und fleucht?

Gott passt einfach nicht in das Schema menschlicher Vorstellungen. Gott ist ganz anderes als der Mensch. Ist es da richtig, von Gott zu erwarten, menschliche Probleme zu lösen?

Warum müssen viele Menschen im Alter, oft über lange Jahre, zunehmend Schwächen, Schmerzen, körperliche, geistige und auch emotionale Insuffizienzen in Kauf nehmen? Warum werden viele Menschen von altersbedingten Erkrankungen regelrecht zu Tode gequält?

Jahrzehnte zu einer Einheit zusammengewachsene alte Ehepaare trifft die Qual des Abschiednehmens. Furchtbar, das Leid des oft langsam über Jahre dahinsiechenden Geliebten. Wieviele Menschen vegetieren nach dem Tod des

Partners die letzten Jahre ihres Lebens in zermürbender Trauer und Einsamkeit?

Ist das der Plan des Gottes der Liebe?

Was aber wäre, wäre es ganz anders?

Allein die Vorstellung, der Mensch würde nach 90 bis 100 Jahren jugendlich top fit und kerngesund sterben müssen, wäre unerträglich. Es wäre ein viel schlimmeres Übel als das, was ist.

Gott ist auch kein Lotteriespiel.

Je höher der Einsatz, um so größer die Chancen seine Gunst zu gewinnen?

Je intensiver die Gebete, um so berechtigter die Erwartung auf Gottes Gnade?

An dieser Stelle sei nur an den Ablassfrevel erinnert.

3. Einschlag

Wenn es Gott gibt,

dann erschuf er den Menschen und bediente sich dabei der nie enden werdenden Evolution.

Gott hat den Menschen mit übernatürlichen Gaben ausgestattet und ihn damit zur Krone der Schöpfung geadelt.

Diese Gaben sind nicht von dieser Welt, aber vorübergehend in dieser Welt.

Sie sind phänotypischer Bestandteil jedes Menschen.

Da sie jenseitig sind, unterliegen sie auf keinen Fall irdischen Naturgesetzen. Sie sind unabhängig von den irdischen Dimensionen Raum, Zeit und Materie.

Somit sind sie auch keinen, an die Zeit gebundenen, Veränderungs- und Alterungsprozessen ausgeliefert.

Also können sie kein zeitliches Ende haben.

Beim Tod des irdischen Mensch werden seine jenseitigen Gaben, heimkehren zu ihrer endgültigen Bestimmung.

Diese göttlichen Gaben sind im Reich des Jenseits das spezifische, absolut identische Spiegelbild des jeweiligen Menschen.

Auch wenn Gott für uns Menschen unerforschbar und unbegreifbar bleiben wird, sollten wir hier auf Erden in der Lage sein und es als unsere heilige Pflicht betrachten, diese Gaben als wunderbare Geschenke Gottes wahrzunehmen und ehrfurchtsvoll zu würdigen.

Wir sind berufen und befähigt, die Botschaft, die jede göttliche Gabe enthält, zu erkennen und vor allem zu leben.

Denn diese Gaben bestimmen unsere Identität in der Ewigkeit.

1. Gabe

Das Leben.

Klonen, künstlich befruchten oder Gene manipulieren sind Errungenschaften menschlichen Geistes.

Künstlich intelligente, sprechende und reagierende Roboter mögen einem lebenden Menschen noch so ähnlich werden. Sie sind und bleiben leblose Maschinen.

Mag die Forschung in aller Zukunft noch so erstaunliche Fortschritte machen, eines wird dem Menschen auf immer verwehrt bleiben, die Schaffung von neuem Leben.

In keinem Labor dieser Welt wird jemals menschliches Leben erzeugt werden können..

Leben stammt aus dem Jenseits. Alles Leben auf der Erde ist ein Geschenk, eine Gabe Gottes an seine Geschöpfe.

Es wird den irdischen Wesen bei der Zeugung übergeben und bei deren Tod zurückkehren in das Reich seiner Herkunft.

Jede Vorstellungskraft versagt, bei der Suche nach einer Antwort auf die Frage, was mit dem Leben von Pflanzen oder Tieren nach deren Ableben geschieht.

Eines steht jedoch fest. Bewusstes Leben, Leben, das sich als menschliche Ich-Person wahrnimmt, steht auf einer anderen Stufe als vegetierendes Leben.

Das Leben ist die Voraussetzung für das Sein.

Diese göttliche Gabe, das Leben, verdient höchste Wertschätzung und Hochachtung.

Es kann keine größere Sünde gegen Gott geben, als die willkürliche Vernichtung von Leben.

Mit der Höchststrafe des ewigen Gewissens muss nicht nur der rechnen, der menschliches Leben zerstört, sondern auch der, der aus niederen Beweggründen das Leben von Tieren und Pflanzen vernichtet, oder mitverantwortlich ist für das Artensterben.

2. Gabe

Das ICH.

Das menschliche Gehirn wird im vierten bis fünften Lebensjahr die nötige Reife erreicht haben, das eigene ICH wahrzunehmen.

Unter allen Lebewesen ist ausschließlich der Mensch mit einem ICH-Bewusstsein ausgestattet.

Jeder Mensch besitzt sein eigenes spezifisches ICH.

Dieses ICH ist, wie das Leben, jenseitiger Herkunft und damit genau so frei von den irdischen Dimensionen, von Raum, Zeit und Masse.

Dieses ICH unterliegt somit keinen zeitgebundenen Veränderungs- oder Alterungsvorgängen.

Damit ist das ICH eine absolut konstante Größe. Es kann sich im Zeitgeschehen des Lebens nicht verändern.

Das bedeutet, dass dieses spezifische ICH, für immer und ewig gleich bleibt, ganz unabhängig davon, wie der Mensch lebt, was er erlebt und was auf ihn Einfluss nimmt.

Mag der physische, der rationale oder der emotionale Bereich des Menschen im Verlaufe seines Lebens noch so viele Höhen oder Tiefen durchlaufen, das ICH bleibt von diesem irdischen Geschehen unberührt.

Das ICH bleibt während des gesamten Lebens immer das gleiche ICH.

Ob du reich oder arm wirst, groß oder klein bleibst, ob du erfolgreich, bewundert und beliebt scheinst, ob du durchschnittlich, unbedeutend und erfolglos lebst, ob du gesund oder krank und gebrechlich, jung oder alt bist, all das sind Zustände und Entwicklungen, die nur den irdischen Menschen betreffen aber nicht das, aus einer jenseitigen Welt stammende ICH.

Auf keinen Fall, darf das ICH mit dem Selbstwertgefühl verwechselt werden.

Zusammen mit dem Leben hat Gott dem Menschen eine zweite Gnade, das ICH, geschenkt. Beide göttlichen Gnaden existieren außerhalb der irdischen Dimension Zeit.

Damit können beide Größen, als die Einheit von Leben und ICH, kein zeitliches Ende haben. Das lebende ICH wird nach dem Tod des irdischen Körpers als lebendes ICH weiterhin sein.

3. Gabe

Das Glaube-Zweifel-System.

Wenn führende Wissenschaftler und Forscher in den Gesetzen des Makro- und des Mikrokosmos einen übernatürlich intelligenten Geist bewundert haben, dann sollte das Staunen über die Genialität des Glaube-Zweifel-Systems unbegrenzt sein.

Würden wir Menschen zweifelsfrei wissen, dass es den allmächtigen, allgegenwärtigen, allwissenden, richtenden und strafenden Gott gäbe, vor dem wir unser Denken und Handeln in keiner Sekunde verbergen könnten, dann bliebe uns nur die Wahl eines sklavenhaften blinden Gehorsams.

Der Mensch wäre eine armselige Marionette Gottes. Er wäre gezwungen, willenlos gehorsam nur das zu tun, was befohlen wird.

Glaube und Zweifel stellen ein untrennbares Begriffspaar dar.

Glauben heißt nicht wissen. Und was ich nicht weiß, das macht mich nicht heiß.

Ist der Zweifel groß, ist die Leugnung nahe. Gibt es keinen Sklaventreiber mehr, dann ist der Unterjochte frei.

Er kann tun und lassen, was er will. Er hat keine Repressalien zu fürchten.

Wenn es keinen Gott gibt, dann werde ich auch nicht von einem ewigen Gericht zur Rechenschaft gezogen. Ich allein bin der Herr über meine Taten.

Ein verführerischer Schritt in die Richtung der Selbstverherrlichung.

4. Gabe

Die individuelle Entscheidungsfreiheit.

Die Tatsache, dass der Mensch an Gott zweifelt, gibt ihm die Freiheit, Gott zu leugnen. Das gibt ihm das Gefühl der Erhabenheit. Er ist in seiner Entscheidung an keine göttlichen und kirchlichen Verbote, Gebote oder Gesetze gebunden. Er kann sich vogelfrei nach seinem eigenen Gutdünken entscheiden.

Wie erhaben, man braucht sich kein Gewissen zu machen. Man ist gewissenlos.

Ohne Glaube an Gott würde unsere irdische Heimat zu einem ethisch-moralischen Jammertal verkommen.

Es herrschte das gnadenlose Gesetz des Stärkeren, Cleveren und Rücksichtsloseren, es wäre eine Blütezeit für Korruption und Vetternwirtschaft, für Winkeladvokaten und gekaufte Richter. Hier drängt sich die Frage auf, ob der

Mensch in einer Welt ohne Gott, überhaupt existieren könnte.

5. Gabe

Das duale System von gut und böse, von Liebe und Hass.

Warum lässt Gott neben dem Guten und der Liebe das Böse und den Hass zu?

Gott überlässt dem Menschen die Entscheidungsfreiheit.

Der Mensch hat die Freiheit, sich eigenverantwortlich für das Gute, für die Liebe aber auch für das Böse und für den Hass zu entscheiden.

Diese Freiheit für Daumen hoch oder Daumen runter ist ein weiterer übernatürlicher Geniestreich des Schöpfers.

Nur so ist der Mensch befähigt, sein Erdendasein im Sinn einer Bewährung zu nutzen. Nur so funktioniert der Plan Gottes, dass sich der Mensch den Himmel auf Erden verdienen kann.

Da schlechte Nachrichten für die Medien gute Nachrichten sind, gewinnt man den Eindruck, dass sich der Mensch erschreckend oft für das Böse entscheidend.

6. Gabe

Das Gewissen.

Justitia, einst römische Göttin der Gerechtigkeit, wird heute in zahlreichen Skulpturen mit verbundenen Augen dargestellt.

Ein Seitenhieb auf die weltlichen Gerichte, die nicht nur Recht sprechen sondern auch belastet sind mit Fehlurteilen.

Nicht selten erfährt man, dass ein Richter ein Urteil spricht und bei Widerspruch die nächst höhere Instanz dieses Urteil kippt. Man darf sich nicht wundern, wenn bei einem erneuten Widerspruch, ein drittes Urteil gesprochen wird.

Wie oft ist den Göttern in Weiß der Vorwurf zu machen, Diagnosen zu stellen und Therapien festzulegen, ohne ausführliches Gespräch mit dem Patienten, ohne dessen krankmachende Lebensbedingungen oder seine seelischen Probleme zu berücksichtigen.

Wie ist es bei den neun Göttern in der schwarzen Robe?

Allzu oft werden Menschen nach vorliegenden Fakten und den zuständigen Gesetzen verurteilt. Werden bei der Verurteilung eines Täters dessen milieubedingtes Rechtsbewusstsein, dessen seelischer Ausnahmezustand, die vielleicht aus seinem Umfeld, aus dem Freundeskreis oder dem Elternhaus stammende Werteverschiebung, berücksichtigt?

Sicherlich besitzt der Sohn des evangelischen Dorfpfarrers eine andere Auffassung von Recht und Unrecht als der Sprössling eines Mafiabosses.

Bei all dem Unrecht, dem man täglich begegnet, könnten Zweifel aufkommen, ob es in dieser Welt überhaupt noch mit rechten Dingen zugeht.

Und doch, es gibt in unserer Welt eine absolute Gerechtigkeit, ja, es gibt in unserer Welt das uneingeschränkt gerechte Urteil.

Diese individuell perfekt zutreffende Rechtsprechung und Schuldzuweisung ist derart genial, dass man sie als Fingerabdruck Gottes deuten könnte.

Bei dieser göttlichen Gerechtigkeit handelt es sich um das Gewissen.

Hier finden nicht nur die Missetat an sich, sondern auch alle Umstände Berücksichtigung, die die Entscheidung für das Böse beeinflusst haben.

Zusätzlich hat das Gewissen eine präventive Aufgabe. Es ist vergleichbar mit einem ständig mahnenden Zeigefinger.

7. Gabe

Das Plus-Minus-Konto für die Ewigkeit.

Zahlreiche, von Künstlern in Bild und Schrift dargestellte furchterregende, grausam und abstoßend wirkende Szenarien des Jüngsten Gerichtes, zeigen einen allmächtigen Gottesrichter, der gnadenlos ganze Heerscharen von in Panik geratenen Menschen in die ewige Verdammnis der Hölle schickt.

Diese grauenerregenden Darstellungen zielten letztlich darauf ab, mit dem Instrument der Angst, den Menschen gefügig zu machen.

Wenn nicht Gott, wer anders wäre in der Lage, ein gerechtes Urteil über den einzelnen Menschen zu sprechen.

Dann aber gäbe es ja doch so etwas wie ein Jüngstes Gericht. Ja, aber von einem humaneren Drehbuch in Szene gesetzt. Gottes übernatürliche Genialität wählte einen idealen Weg.

Im Rahmen des Glaube-Zweifel-Systems besitzt der Mensch selber die freie Entscheidung für gut oder für böse, für die Liebe oder für den Hass.

Das absolut gerechte Urteil über seine Taten spricht nicht Gott als Richter sondern das Gewissen jedes Einzelnen.

Dabei besteht absolute Gerechtigkeit, weil das individuelle Gewissen besser als jede dritte Person, alle strafverschärfende oder strafmildernde Umstände und Einflüsse unter der die jeweilige Tat begangen wurde, kennt und berücksichtigt.

Das Gewissen als ein jenseitiges Instrument, gehört zu dem Teil des Menschen, der der irdischen Vergänglichkeit nicht ausgeliefert ist.

Das Gewissen ist das Gütesiegel oder Qualitätsmerkmal des unsterblichen Menschen in der Ewigkeit.

Es ist vergleichbar mit einem Konto.

Auf der Habenseite sind die Taten im Sinne der Liebe, auf der Schuldenseite die Verstöße gegen das göttliche Gebot der Liebe verewigt.

Es wird so sein, dass sich das Gewissen in der Ewigkeit als sanftes, wohltuendes Ruhekissen oder als quälendes Nagelbrett erweist.

Es liegt in der Hand eines Jeden, solange er auf Erden weilt, die Haben - oder die Sollseite seines Kontos für die Ewigkeit aufzufüllen.

Die Zeit des irdischen Daseins ist eine Bewährungsprobe.

Der Mensch verdient sich den Himmel auf Erden.

Das Gewissen ist nicht nur gerecht, sondern auch immun gegen jeden Versuch, ihm Erleichterung zu verschaffen.

Kein einziges Gewissen ließ sich durch noch so hohe Ablasssummen oder durch ein Geständnis, beziehungsweise durch eine Beichte mundtot machen.

„...vergesst nicht: es gibt eine göttliche Gerechtigkeit, wogegen die weltliche das reine Kinderspiel ist! Das ewige Gericht sitzt im Gewissen und donnert einem Tag und Nacht den Urteilsspruch zu."

(Zitat, Karl May, Winnetou II)

Der weltlichen Strafe kann man entkommen, dem Gewissen nicht.

8. Gabe

Die Liebe.

Wenn es Gott gibt, dann ist Gott die Liebe.

Die Liebe ist ein außerirdisches und übernatürlich geniales Phänomen. Sie ist so einfach und so außerordentlich, so einmalig und so vielfältig, so zart und gleichzeitig so mächtig, dass sie nicht von dieser Welt sein kann.

Aber sie ist in unserer Welt.

Man kann sie weder mit dem Metermaß, noch mit der Waage und erst recht nicht mit einem Chronometer erfassen.

Sie hat zu den irdischen Dimensionen keinen Bezug.

Somit muss die Liebe unsterblich sein.

Der Mensch kann sich kein Bild von Gott machen.

Ebenso wenig ist er fähig, sich eine nur annähernd zutreffende Vorstellung von Gottes ewigem Reich zu machen.

Eines jedoch ist anzunehmen:

Eine, die ewige Heimat des Menschen bestimmende Dimension, wird die Liebe sein.

Die Liebe zu predigen, zu preisen oder zu diskutieren, ist wie ein Autoprospekt. Die Liebe zu leben, ist wie Auto zu fahren.

Über die Liebe zu reden oder zu philosophieren erbringt kaum Punkte auf dem ewigen Konto.

Allein die Tat der Liebe lässt die Augen Gottes strahlen. Allein das Tun und Handeln in Liebe und Güte bereichert das Konto für die Ewigkeit. Da die Liebe aus einer anderen Welt stammt, ist sie immun gegenüber diesseitigen Einflüssen, wie Modeströmungen oder ideologischen, politischen und philosophischen Gesinnungen..

Die Welt hat sich über Jahrmillionen verändert, die Liebe blieb davon unberührt immer gleich.

Man muss sie nicht erst erwerben oder erlernen, sie ist jedem Menschen gegeben, vertraut und zugänglich.

Liebe ist nicht als Eigentum, als Eigenart oder als ein Talent anzusehen. Sie ist allgegenwärtig und steht dem Menschen als Maßstab, als Orientierungshilfe oder als eine Art Kompass auf dem Weg durch sein irdisches Leben zur Verfügung.

Die Liebe ist die einzige göttliche Offenbarung. Sie ist das einzige göttliche Gebot.

Nur die Religion, die sich in allen Belangen an der Liebe orientiert, ist die einzig wahre Religion.

Die einzig wahre Heilige Schrift ist das Vermächtnis der Liebe unter den Menschen.

Der einzig glaubhafte Priester ist der gute Hirte, der den Gläubigen als Wegweiser des Guten und der Liebe zu Gott, zu sich selber, zu den Mitmenschen und zu der gesamten Schöpfung dient.

Kirchliche Gebote, Glaubenslehren, religiöse Dogmen und Glaubensinhalte sind nur dann wahr und gut, wenn sie sich an der Liebe orientieren.

Mit dem Gebot der Liebe sind alle anderen religiösen Gebote erfasst.

Wer die Liebe lebt, wird kein falsches Zeugnis gegen den Nächsten ablegen, der wird nicht stehlen oder betrügen, der wird nicht töten oder morden.

Liebe ist ein Gebot, aber auch ein Angebot.

Die Liebe ist nicht als göttliche Anweisung, als Befehl oder als eine verbindliche Verpflichtung zu verstehen, der man unausweichlich folgen muss. Gott hat dem Menschen einen freien Willen und das Glaube-Zweifel-System zur Verfügung gestellt.

Der Mensch hat die freie Wahl, sich für das Gegenteil der Liebe, für den Hass und das Böse zu entscheiden.

Der Mensch kann in freien Stücken, das Habenkonto oder das Schuldenkoto für die Ewigkeit anreichern

Nächstenliebe bedeutet, an Bedürftige von dem abzugeben, was man hat.

Natürlich zählen Almosen für den Bettler, Spenden an Hungernde und Darbende in Ländern der dritten Welt oder in Kriegsgebieten dazu.

Genau so, wie die ehrenamtliche Arbeit oder das reichliche Trinkgeld für Dienstleistungen.

Aber nicht nur materielle Hilfen zählen vor Gott.

Wer ein umfangreiches Wissen besitzt oder einen großen Erfahrungsschatz angesammelt hat, kann vielen Menschen, die selber nicht in der Lage sind, Probleme zu lösen oder aus hilflosen Situationen herauszufinden, außergewöhnlich wertvolle Hilfe anbieten.

Wer Menschen zum Lachen bringt, mit geschickt formulierten und passenden Komplimenten ein angeknackstes Selbstwertgefühl ein wenig aufrichtet, wer den Scheuen und Kontaktarmen anspricht, sich mit ihm unterhält, der tut Gutes und zahlt ein auf sein Habenkonto.

Der Schauspieler auf der Theaterbühne oder vor der Kamera, der sein Talent zur Verfügung stellt, um anderen Menschen Freude zu bereiten, der tut Gutes.

Jeder in Verantwortung und mit Gewissenhaftigkeit ausgeübte Beruf, egal ob im körperlichen oder geistigen Bereich, egal ob im Anstellungsverhältnis oder in der Führungsetage, ist als Nächstenliebe zu verstehen.

Eine angemessene Honorierung ist sozial gerecht und tut dem Wert der ausgeübten guten Tat keinen Abbruch.

Es besteht Übereinstimmung mit dem Gebot der Liebe, Gesetze, Regeln und Richtlinien einer Gemeinschaft, zum

Beispiel eines Volkes oder Staates mit zu gestalten und zu befolgen.

Politiker sollten bei ihren Entscheidungen prüfen, ob Übereinstimmung mit dem Gebot der Liebe gegeben ist. Auch der Polizeibeamte im Dienst vollbringt eine Tat der Nächstenliebe.

Wer die zwischenmenschlichen Hürden und Barrieren des Stolzes, der Ablehnung oder der Verachtung abreißt, handelt im Sinne der göttlichen Liebe.

Bescheidenheit, Zurückhaltung, Mäßigung, Disziplin und Verzicht zu Gunsten Dritter vergrößert den Wert des Sparbuches für die Ewigkeit.

Das Gebot der Liebe mahnt den Menschen zu einem liebevollen Umgang mit den Tieren, den Pflanzen und der gesamten Schöpfung.

Wer Tiere nicht artgerecht hält und behandelt, die Meere verseucht, die Luft mit Schadstoffen belastet, wer das wenige Trinkwasser vergeudet und ungenießbar macht, wer unsere Mutter Erde mehr und mehr zur Verzweiflung bringt, der wird ein verdammt schlechtes Gewissen mit ins Jenseits nehmen.

Das großzügige Angebot der Liebe ist als helfende Hand Gottes zu verstehen, die dem Mensch den Weg ins ewige, ungetrübte Glück weisen will.

Unbesonnenheit, Egoismus, Besitz- und Machtgier sind meist der Grund für grobe Verstöße gegen das Gebot der Liebe.

Das wichtigste, vorwiegend kognitiv gesteuerte, Kommunikationssystem des Menschen ist die Sprache.

Die Sprache erfährt durch die Mimik, die Körperhaltung, die Lautstärke, die Betonung und das Sprechtempo eine, die Mitteilung präzisierende Wirkung.

Diese wunderbare Kommunikationsfähigkeit des Menschen unterscheidet ihn gegenüber anderen Lebewesen.

Die Sprache befreit aus der Isolation der Einsamkeit, macht den Menschen zu einem Sozialwesen und zu einem verständnisvollen Partner.

Worte, im Dienst der Liebe, können wahre Wunder bewirken.

Worte des Hasses, der Verleumdung oder der Unwahrheit können vernichten und morden.

Unbedacht, unkontrolliert, unsensibel oder leichtfertig Dahergeredetes birgt die Gefahr, menschliche Beziehungen zu belasten.

Ist es nicht ein frevelhafter Affront gegen Gottes Schöpfung, wenn Menschen in verblendeter Überzeugung, dieses einmalige göttliche Geschenk, die Sprache, aus ihrem Leben ausschließen, sich so zu sagen den Mund verbieten?

Diese missachtende Beleidigung eines göttlichen Geschenkes wird paradoxerweise von den Kirchenoberen bis in die heutige Zeit unterstützt und in kirchlichen Institutionen, in Klöstern betrieben.

9. Gabe

Die Liebe im Dienste des Fortbestehens der Menschheit.

Eine der herrlichsten Schöpfungsideen des göttlichen Geistes lässt uns wieder einmal seine übernatürliche Genialität bewundern.

Dieses einmalige Wunderwerk ist die Verschmelzung des stärksten autonomen Triebes, des Fortpflanzungs- oder Sexualtriebes, mit der wertvollsten göttlichen Gabe, mit der Liebe.

Zwei Menschen, die sich fürs Leben verbunden haben, spüren das Übernatürliche, das Ewige, das Göttliche ihrer Liebe.

Sie empfinden und beschreiben diese Liebe als ewig, als unvergänglich, als unsterblich und als über den Tod hinausreichend. Nicht der Standesbeamte sondern die Liebe besiegelt die Ehe.

Diese wahre, auf Familie und Nachwuchs ausgerichtete Liebe, nimmt einen höchsten Stellenwert in der göttlichen Werteskala ein.

Die unwiderstehliche Einheit von Sexualtrieb und Liebe ist der Garant für das Weiterbestehen der Menschheit.

Der Liebe kommt im Sinne der Nachwuchsförderung noch eine ganz besondere Bedeutung zu.

Sie baut das Nest, das für eine ungetrübte Entwicklung des Nachwuchses erforderlich ist.

Das erwärmende und erhellende Licht der Partnerliebe ergießt sich über die gesamte Entwicklungsphase der Kinder. Sie wird zum prägenden, Geborgenheit schenkenden, Vorbild gebenden und Werte vermittelnden Element der Kindererziehung.

Die Liebe zu den Kindern ist der einzig passende Schlüssel, der die Kleinen aufnahmebereit macht für den prägenden Einfluss der Erziehung. Diese, für die Entwicklung des Menschen unverzichtbare, von Liebe geprägte Eltern-Kind-Verbindung wird man in jeder Kita, in jedem Kindergarten vergeblich suchen.

Ist das Licht der Partnerliebe erloschen, werden sich die Kinder ihren Weg ins Leben im Dunkeln ertasten müssen.

Die Partnerliebe birgt noch ein weiteres wertvolles Potenzial.

Für das Zusammenfinden der Partner und die frühen Jahre der Partnerschaft spielt das anziehende Erscheinungsbild eine gewichtige Rolle .

Mit den Jahren verliert der Fortpflanzungstrieb an Aufmerksamkeit und das Äußere setzt Patina an.

Die Jahre fließen unaufhaltsam und unerbittlich dahin.

Die bunte Blütenpracht des Apfelbaumes verführt zur Bestäubung. Aus den Knospen entwickelt sich ein kleiner Apfel, der bald in prachtvoller Größe und verlockenden Farben bewundert und begehrt wird.

Es dauert gar nicht lange.

Flecken, Dellen und faulende Stellen nagen an seinem Aussehen. Der Apfel beginnt zu schrumpfen und wird mürbe. Er ist jetzt Fallobst.

Im Alter mögen erworbenes Wissen, angesammeltes Vermögen, anerkannte Leistungen und der Besitz von hohen politischen oder wirtschaftlichen Positionen, einen Menschen bewundernswert und beliebt erscheinen lassen.

Aber von einer sexuellen, jugendlichen Anziehungskraft kann nicht mehr die Rede sein.

Und trotzdem sind Opa und Oma zu einer sich innig liebenden Einheit geworden.

Für den Erhalt dieser wunderbaren Liebe älterer Menschen wird kaum noch die Erinnerung an den Jüngling Adonis oder an die bezaubernd aussehende Iduna, Göttin der Jugend, verantwortlich sein.

Im Verlauf einer, in Liebe gelebten Ehe, verliert das Oberflächliche, das äußere Bild, an Beachtung.

Sind es die sogenannten inneren Werte, die im Alter mehr und mehr die äußeren ersetzen?

Sicherlich spielen Treue, Hilfsbereitschaft, Freundlichkeit, Anerkennung und Komplimente, aber auch Geschicklichkeit und Erfolg für die liebevolle Stabilität einer langen Partnerschaft eine nicht zu unterschätzende Rolle.

Der wahre Grund für den Erhalt einer dauerhaft innigen Liebe bis ins hohe Alter ist auf einer anderen, auf einer höheren Ebene zu suchen.

Mehr und mehr wird die Person, also das von innen nach außen Durchscheinende gesehen.

Ein langes, langes Miteinander bedeutet ein sich durch und durch kennen lernen.

Dieses von innen nach außen Durchscheinende entspricht dem von Gott dem Menschen geschenkte lebende ICH.

Das, aus einer andren Welt stammende lebende ICH altert nicht. Alleine das zählt.

Da dieses für jeden Menschen spezifische, lebende ICH das äußere Erscheinungsbild im Verlauf der Ehe mehr und mehr überstrahlt, können körperliche, geistige oder emotionale Schwächen und Gebrechen, der Liebe jenseits der silbernen oder gar der goldenen Hochzeit keinen Abbruch tun.

Diese echte Partnerliebe, die die Familiengründung zum Ziel hat unterscheidet sich fundamental von der puren Erotik.

Sexualität, die nur der körperlichen Lustbefriedigung dient, ist ohne echte

Liebe, ein flüchtiger Rausch. Sie ist ein Skelett.

Variationen der Partnerliebe.

In Anlehnung an Bilder, die den Ausdruck der Gesichter wiedergeben.

Bild 1

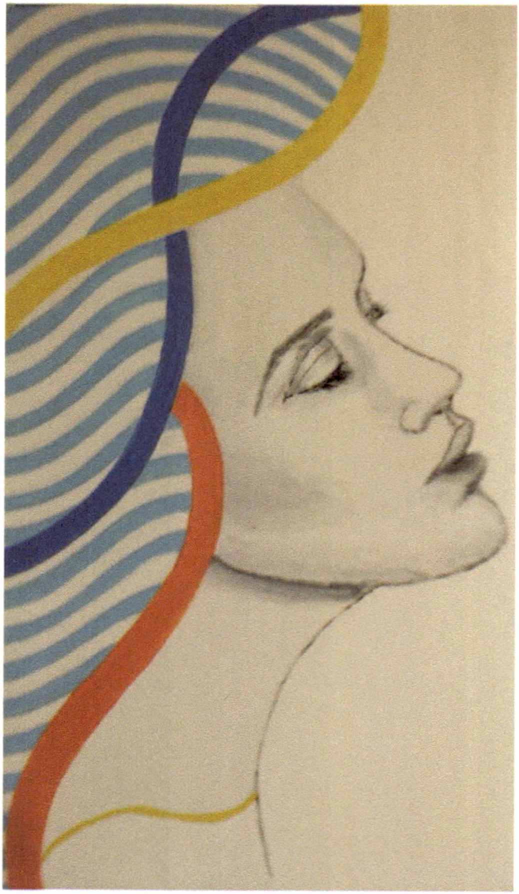

Sehnsucht nach Liebe

Jedes Lebewesen, auch der Mensch, ist mit unbewusst funktionierenden, vorwiegend im Stammhirn angesiedelten Steuerungszentren für lebenswichtige Körperfunktionen ausgestattet.

Dazu zählen unter anderen die Atmung, das Essen und Trinken, die Erholung, der Schlaf und die Temperaturregulation des Körpers.

Eines der wichtigsten autonomen Steuerungssysteme dient der Fortpflanzung, der Erhaltung der Rasse.

Das Leben des Menschen ist begrenzt.

Das Leben der Menschheit muss erhalten bleiben.

Unserem klugen Kopf, unserer dort im Großhirn angesiedelten Intelligenz, unserer Vernunft, unserer Fähigkeit zu rationalem Denken, Planen und Analysieren wurde zurecht misstraut. Warum? Weil unser Kopf der einzige Ort auf der Welt ist, wo Fehler jeder Größenordnung gemacht werden.

Unserem Verstand wurde die Verantwortung entzogen, für den sicheren Bestand der Menschheit zu garantieren.

Aus diesem Grund wurden die lebenswichtigen Funktionen automatisiert.

Die für das Weiterleben der Menschheit entscheidend wichtigen Funktionen werden von einem autonomen Steuerungssystem übernommen.

Man kann zum Beispiel bewusst, kurzfristig die Luft anhalten, durch warme Bäder oder Muskelarbeit die Körpertemperatur erhöhen oder gelegentlich in geringem Rahmen die Nahrungsmenge beeinflussen.

Den Geschlechtstrieb, das heißt, den Fortpflanzungstrieb mit dem Verstand zu regulieren, gelingt praktisch nicht.

Diese autonom arbeitenden Steuerungssysteme haben ihren Sitz im Stammhirn, also in dem Gehirnbereich, in dem kein rationales Denken stattfindet. Wie funktioniert diese autonome Steuerung des Geschlechtstriebes?

Das für die Steuerung der Fortpflanzung vorwiegend zuständige Zentrum im Stammhirn wird zum Beispiel beim Anblick eines attraktiven Menschen mit Glückshormonen überschüttet.

Das so verwöhnte Gehirnzentrum verlangt nach weiterer Befriedigung.

Dieses Gehirnzentrum sendet nun seinerseits Botenstoffe an bestimmte andere Areale im Gehirn. Dort entsteht das Begehren, diesen Glück bringenden, sympathischen Menschen wieder und wieder zu sehen und ihn als ständigen Begleiter zu gewinnen.

Das Großhirn wird nun beauftragt, erneute Begegnungen mit dem begehrten Menschen zu organisieren. Unser Verstand tritt also in den Dienst des Sexualtriebes.

Die Vernunft kann in dieser Situation sogar unvernünftig, sogar sehr unvernüftig werden.

All zu oft werden Argumente der Vernunft nicht mehr zugelassen, moralische und sittliche Bedenken bagatellisiert.

Wie anders könnte man sich erklären, dass hochintelligente und in der Öffentlichkeit stehende Männer oder auch Frauen, sogenannte Affären eingehen und für uneheliche Kinder verantwortlich sind.

Die ehrliche, auf Familie, also auf Nachwuchs ausgerichtete Liebe nimmt eine höchste Stelle in der göttlichen Werteskala ein.

Dieses Verliebtsein bereichert in hohem Maße die Habenseite des ewigen Kontos.

Ein tragisches Beispiel für unverständliche Fehlleistungen menschlichen Geistes:

Die für das Weiterbestehen der Menschheit unverzichtbare, partnerschaftliche Liebe wird „Gott zu Liebe" von der katholischen Kirche in den Kerker des Zölibates gesperrt.

Die Überlegenheit, das heißt die Verführungskraft des autonomen Fortpflanzungssystems gegenüber der Vernunft, wird die im Zölibat gefesselten Menschen in unüberwindbare Schwierigkeiten bringen.

Die Vernunft wird bei den Sexualverhungernden nur wenig Chancen haben, sich bei entsprechenden, sich bietenden Gelegenheiten, zur Wehr zu setzen.

Man muss darüber nachdenken, wer mehr Schuld trägt. Der, der seinem unter Druck geratenen Sexualtrieb erliegt, oder jene, die das widernatürliche Zölibat zu verantworten haben.

Wer mit normalem Verstand kann begreifen, dass das weibliche Geschlecht von einigen der größten Weltreligionen vom Gottesdienst ausgeschlossen wird?

Bild 2

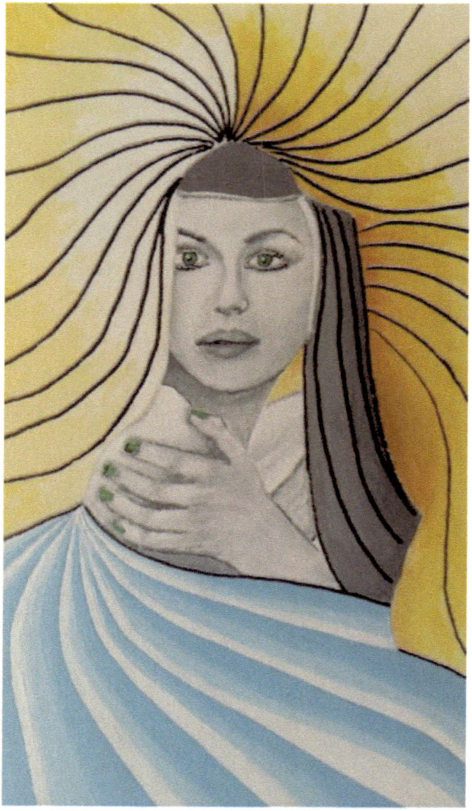

Genant

Sie hatte ihre große Liebe zum ersten mal zu sich nach Hause eingeladen.

Zum verabredeten Besuchstermin klingelte es an der Haustür. Sie verließ kurz die Dusche, betätigte den griffbereit liegenden Türöffner und grüßte per Sprechanlage, scheinbar freudig überrascht, dass er schon reinkommen möge, sie habe sich ein wenig versäumt.

Die Badezimmertür stand offen und gab dem Besucher den Blick frei auf die Duschkabine.

Gespielt genant steckte sie ihren hübschen Kopf durch den vorgehaltenen Vorhang. Sie wusste, dass die Silhouette ihres nackten Körpers zu erahnen war. Sie liebte diesen Mann.

Ihr jetzt im Dienst der Fortpflanzung stehender Verstand hatte ihr dieses Signal gebende Szenario empfohlen.

Das, was sich hier so wunderbar nach den Spielregeln der Natur anbahnt, könnte durchaus von verklemmten Moralisten als verwerflich und sündhaft verurteilt werden.

Bild 3

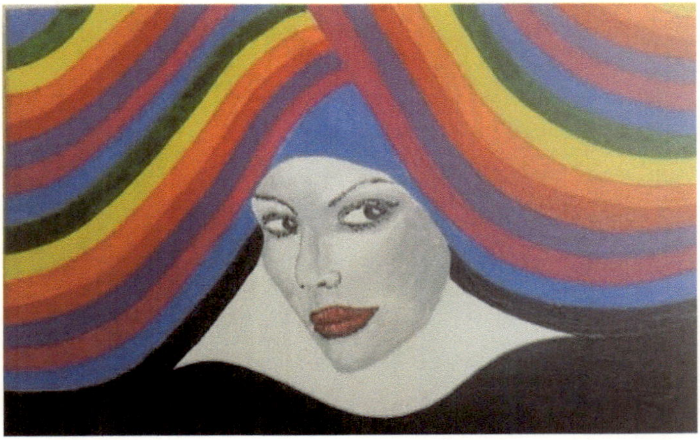

Die Nonne

Arglos verbrachte die aufgeschlossene, intellektuelle und schöne Frau ihre Kindheit und Jugend in einer streng katholischen Familie.

Die scheinbar heiligen Einflüsse ihres nahen Umfeldes ließen in ihr den innigen Wunsch entstehen, ihre Liebe und Verehrung, alleine Gott zu schenken.

Die Zeit der Bewährung durchlebte die Novizin in einem Kloster als die Erfüllung ihrer Träume.

Mit Freundlichkeit und Achtung ebneten die Mitschwestern ihren Weg der Integration.

Niemand der Ordensfrauen ahnte, dass tief in der Seele der jungen Nonne ein Orkan tobte.

Scham, Selbstvorwürfe und Schuldgefühle nagten wie bösartige Ratten an ihrem Selbstwertempfinden. Dem anfänglichen Schamgefühl folgte der Hass auf sich selber. Sie verfluchte den Teufel, der, so glaubte sie, mehr und mehr von ihr Besitz ergriff. Dieser Unhold in ihr war auch durch noch so innige Gebete nicht zu vertreiben.

Es verging kein Tag, an dem nicht selbst während der gemeinsamen Gebete und Meditationen, komplett verrückte, wilde und in allen Farben schillernde sexuelle Vorstellungen in ihrem Kopf wüteten. Mit den wildesten Gedanken, versuchte das unbewusste Aktionssystem der Fortpflanzung, seiner Bestimmung nachzukommen.

Ein kluger Beichtvater hatte sie schließlich erlöst.

Er hatte sie beruhigend darüber aufgeklärt, dass die aufdringlichen, erotischen Gedankenspiele keine Sünde sondern eine von Gott gewollte Triebhaftigkeit in jedem Menschen sei.

Ohne diesen eingebauten Drang und Zwang zur Fortpflanzung stünde es schlecht um den Weiterbestand der Menschheit. Machen sie sich keine unnützen Vorwürfe. Dieser wunderbare

Blütenstrauß bunter erotischer Phantasie ist vergleichbar mit einem riesigen Appetit auf ein leckeres Essen.

Im Gegenteil, überraschte der weise Priester hinter der Vergitterung im Beichtstuhl die tief durchatmende junge Ordensfrau, seien sie Gott dankbar für eine absolut normale weibliche Sexualität.

Die junge, im Käfig eines widernatürlichen Zölibates gefangene Frau, war bewahrt worden vor einem pathologischen Absturz in den gefräßigen Schlund der Depression.

Ihre neu gewonnene innere Ausgeglichenheit und Zufriedenheit ließen sie aufblühen. Ihre unaufdringliche Klugheit, ihre demütige Bescheidenheit und ihr unermüdlicher Schaffensdrang waren die Basis dafür, dass sie nach dem Ableben der in die Jahre gekommenen Mutter Oberin, zur Äbtissin gewählt wurde.

Bild 4

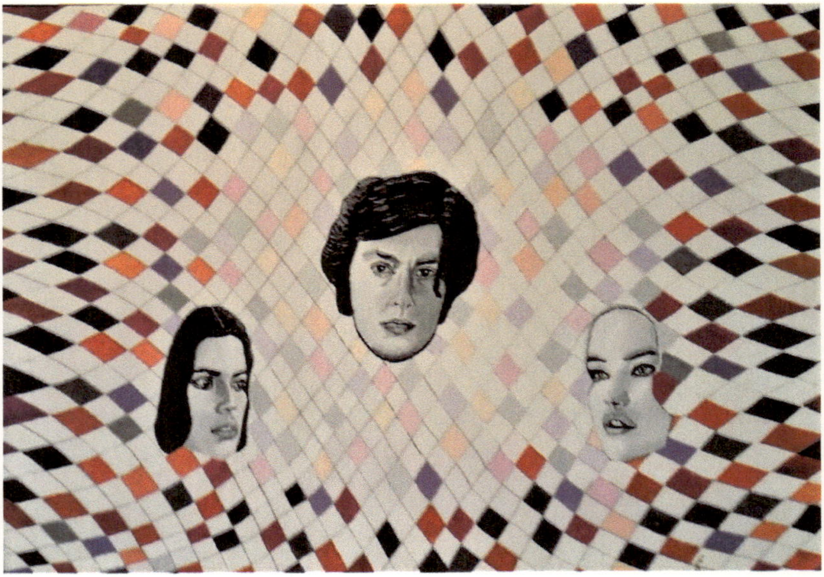

Im Netz der Liebe

Gefangen im bunten Netz der Liebe.

Beim ersten Anblick dieses Mannes war das Sexualzentrum beider Schönheiten mit Glückshormonen überflutet worden.

Liebe auf den ersten Blick.

Automatisch wurde der Verstand beauftragt, Strategien zu entwickeln, mit diesem auserwählten männlichen Prachtexemplar in möglichst bleibende Beziehung zu kommen.

Während die eine Frau noch in staunender und begehrender Bewunderung verharrt, schien sich die dunkelhaarige Schönheit bereits Sorgen darüber zu machen, dass dieses attraktive Mannsbild auf Dauer nicht nur einer Frau alleine gehören werde.

Wieder einmal Hochachtung vor der genialen Schöpfung, die zur Sicherung der Fortpflanzung Glanz und Glitter der Erotik mit der unwiderstehlichen Kraft der Liebe veredelt hat.

Bild 5

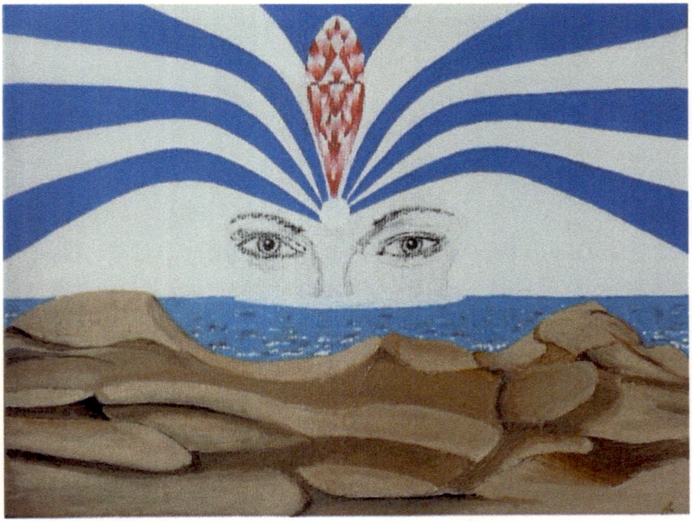

Alles im Blick

Ansichten, die oft zu Missverständnissen Anlass geben:

Gott hat alles im Blick, die Meere, die Wüsten, die Wälder und Wiesen, die Elefanten, die Mücken, die Amöben und das gesamte Universum.

Gott ist zuständig für jeden Atemzug, für all die glücklichen und grausamen Lebensschicksale von, grob geschätzt, knapp 200 Milliarden Menschen, die bisher diese Welt bevölkert haben.

Auch bei dem Versuch, uns ein nur annähernd zutreffendes Bild von Gott zu machen, stoßen wir Menschenkinder, egal welchen Weg wir einschlagen, recht bald an unüberwindbare Grenzen.

Die Eigenschaften, die wir Gott zuteilen, entsprechen all zu oft unseren Vorstellungen und sind meist eine Ansammlung von allen erdenklichen Superlativen.

Gott ist allwissend, allgegenwärtig, allmächtig. Er ist ein gerechter Richter, ein Wunderheiler, einer der Tote wieder zum Leben erwecken kann und einer, der Wunder vollbringt. Das heißt, Gott ist in der Lage, seine, von ihm selbst geschaffenen Naturgesetze, zumindest kurzfristig zu manipulieren.

Wären die Menschen nicht gut beraten, die Finger davon zu lassen, Gott in eine menschliche Schablone zu zwingen?

Gott ist die Liebe. Er liebt seine Schöpfung und ganz besonders die Krone seines Werkes, den Menschen.

Gott ist gnädig, er vergibt dem Sündigen und liebt sogar seine Feinde, er hält dem Gegner die andere Wange hin.

Alles Bilder von unserem Gott, die wir gerne betrachten, weil ein solcher Gott in unseren Kram passt.

Wehe aber, wenn ein sehnlichst erwarteter Säugling bei der Geburt stirbt, wenn schlimme Unfälle passieren, wenn es Krieg, Mord, Totschlag und Terror gibt. Wo war Gott, wenn ein geliebter Mensch schwer erkrankt und nicht geheilt werden kann? Dann wird das Bild vom lieben Gott in Frage gestellt, Gott wird gehasst, geleugnet oder sogar beschimpft und bekämpft.

Man muss feststellen, dass selbst der vergleichsweise beste Versuch, Gott zu beschreiben, all zu oft in Zweifel gezogen wird oder in eine Sackgasse führt.

Die gesamte Schöpfung, also auch der Mensch, ist vergänglich. Es ist das Schicksal des Menschen, dass er entsteht aber auch vergeht. Bei dem einen kommt das Ende früher, bei dem anderen später.

Sterben ist sowohl für den Scheidenden, wie auch für die Angehörigen schmerzhaft und qualvoll.

Der Vater, dessen hübsche Tochter Opfer einer Vergewaltigung wurde, wird sich eher von Gott abwenden als den aussichtslosen Versuch zu starten, Gottes Pläne zu verstehen.

Grausam, man möchte sagen, unmenschlich die Tatsache, dass gleichzeitig mit der Zeugung eines Menschen, sein Todesurteil gesprochen wird. Es entspricht nun mal dem Schöpfungsplan, dass wir Menschen bewusst Vergänglichkeit, Krankheit und Leid ertragen müssen.

Es wird nie gelingen, ein nur annähernd zutreffendes Bild von Gott in Händen zu halten.

Es wird nie gelingen, die Pläne Gottes nur ansatzweise zu verstehen.

Es wird immer so sein, dass die Pläne Gottes sowohl ehrfurchtsvolles Staunen, Hochachtung und Bewunderung auslösen, dass sie aber auch Unverständnis, Ablehnung und Hass gegen Gott hervorrufen.

Wer, welcher Mensch soll Gott begreifen?

Bild 6

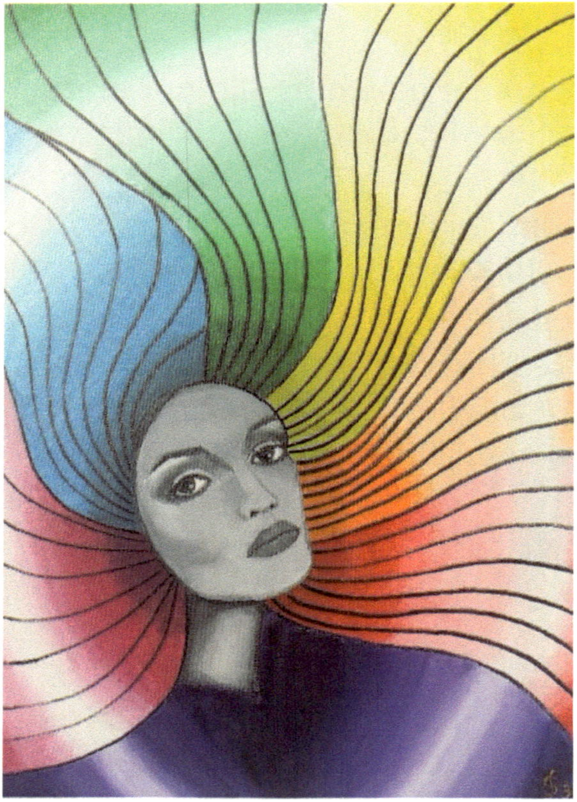

Powerfrau

Eine gut aussehende, selbstsicher auftretende Frau, sehr intelligent, gebildet und geschäftstüchtig.

Von einer, die mit derart hochwertigen Attributen dekoriert ist, geht eine geheimnisvolle, intensive Anziehungskraft auf jeden Vertreter des männlichen Geschlechtes aus.

Dennoch haben derartige weibliche Ausnahmeerscheinungen all zu oft große Probleme bei der Partnerwahl.

Die Macht ihrer speziellen Aura wirkt auf viele Männer erdrückend.

Derart hochdekorierte Weiblichkeit überflutet zwar die Paarungsautomatismen im Manne wie ein Tsunami.

Aber, die von Männern so gern zur Schau getragene Souveränität, gerät im Bannkreis solch attraktiver Powerfrauen oft ins Wanken.

Plötzlich steht diese Frau auf einem unerreichbar hohen Sockel. Auf der untersten Stufe dieses Denkmals kniet der Verunsicherte und bewundert anbetend dieses prachtvolle Weibsbild in einer Höhe, vor der ihm schwindelig wird. Die Gefühle für die Angebetete erfrieren. Selbstzweifel und Minderwertigkeitskomplexe klopfen an. Schmollend und ein wenig deprimiert flüchtet er aus dem Bannkreis dieser unerträglichen Überlegenheit.

Kein Wunder, wenn diese Überfrauen ein Leben lang vergeblich auf das Röhren eines brunftigen Hirschen warten.

Warum wohl sieht man an der Seite von Schönheitsköniginnen, von Frauen aus dem Vorstand großer Konzerne oder von Frauen mit reich gefüllten Bankschließfächern, nicht selten Männer, die die Frage provozieren: „Wie konnte die den nur heiraten?"

Bild 7

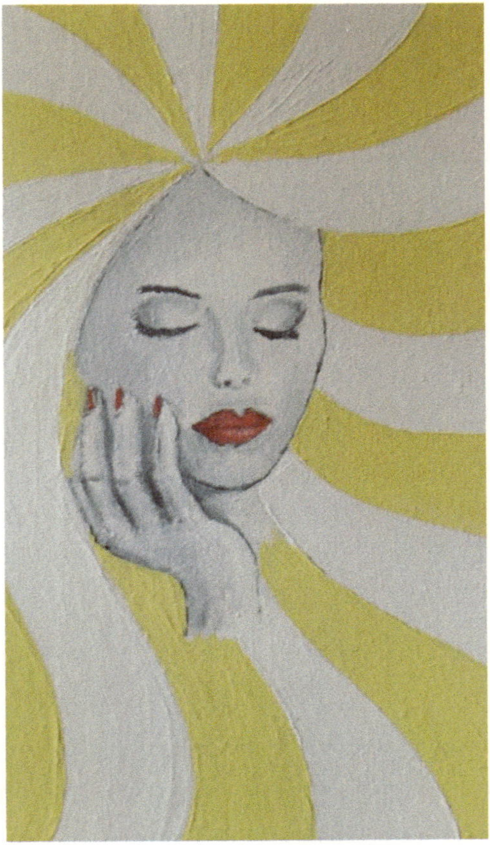

Sympathisch

Die Bereitschaft und die Fähigkeit sich in einen anderen Menschen hineinzudenken, seine Gefühle, seine Meinungen, seine Beweggründe und auch seine eventuellen Probleme zu erkennen, ist als Einfühlungsvermögen, als Empathie zu verstehen.

Der Blick, der Gesichtsausdruck des Gegenübers, dessen Körpersprache, Aktionen oder Reaktionen und die Art zu sprechen geben wertvolle Informationen, die über den rein verbalen Gesprächsinhalt hinausgehen.

Der empathische Mensch bringt mehr Verständnis für sein Gegenüber auf. Er wird angemessener in Wort, Gestik, Mimik und Tat reagieren.

Der empathische Mensch vermeidet Vorurteile, und Missverständnisse.

Empathie macht sympathisch und beliebt, sowie erfolgreicher im Privat- und Berufsleben.

Allerdings, wer versucht, die Vorteile der Empathie zu nutzen, sollte nicht vergessen, seine eigene Situation kritisch zu hinterfragen.

Empathie ist ein wertvolles Instrument der Nächstenliebe und vor allem der Partnerliebe.

Bild 8

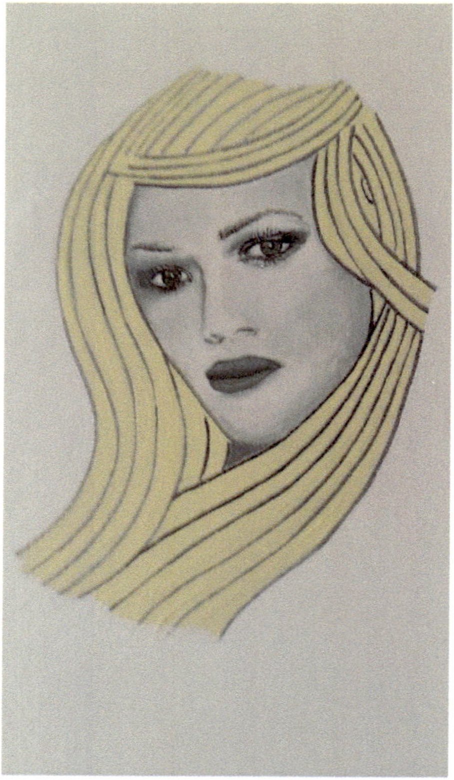

Skeptisch

Zweifel, Bedenken, Zurückhaltung oder sogar Furcht und Angst bis hin zur Depression sind die sauren und bitteren Früchte des Baumes schlechter Erfahrung mit Menschen.

Zwischenmenschliches Verhalten wird zunehmend geprägt von sehr bedenklichen Eigenschaften, von Egoismus, von fehlender Rücksichtnahme, von Missachtung, von Spott und Aggressivität.

An Primitivität, Feigheit und Minderwertigkeit nicht mehr zu übertreffen, ist das Denunzieren, das Verleumden und das Verbreiten von unzutreffenden Beschuldigungen via Internet.

Wer die Achtung vor der gesamten Schöpfung, vor allem vor dem Mitmenschen mit Füßen tritt, der sammelt fleißig Minuspunkte auf der Schuldenseite des ewigen Gewissens.

Die Schönheit eines Menschen wird weniger vom Aussehen, als vielmehr von der Ausstrahlung geprägt.

Gott ist die Liebe.
Gott kann man leugnen,
Die Liebe aber nicht.

Das Leben, das ICH,
das Gewissen und die Liebe
sind in dieser Welt,
aber nicht von dieser Welt.
Diese übernatürlichen Gaben
identifizieren
sowohl den Menschen auf Erden
als auch
den Menschen im Himmel.

Warum sollte ich dieses Buch lesen?

Weil Meteoriten aus dem Jenseits die althergebrachten, verkrusteten Strukturen von Religion und Kirche aufbrechen. Sie entmystifizieren, entmumifizieren und realisieren.

Weil beweisnahe Argumente für ein Weiterleben in einer jenseitigen Welt aufgezeigt werden.

Weil die Beziehungen zu Gott, zur Religion und zur Kirche einfach als cool zu bezeichnen sind.

Weil es nur einen Gott für alle Menschen gibt.

Weil die Gläubigen der verschiedenen Religionen Brüder sind, denn sie huldigen alle dem einen, gemeinsamen Gott.

Weil der mit der Liebe geadelte Sexualtrieb eine übernatürlich geniale Gabe Gottes an die Menschheit ist.